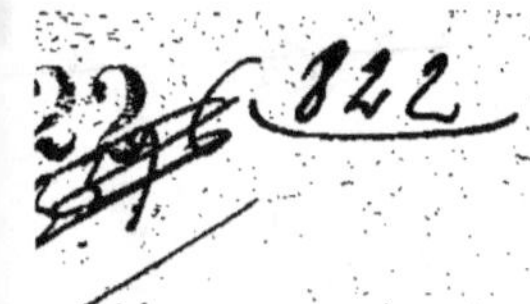

L'Expansion coloniale belge

Conférence donnée à Liége,
le 3 novembre 1905,

par le

Colonel Albert Thys

BRUXELLES
IMPRIMERIE VEUVE MONNOM
32, RUE DE L'INDUSTRIE, 32
—
1905

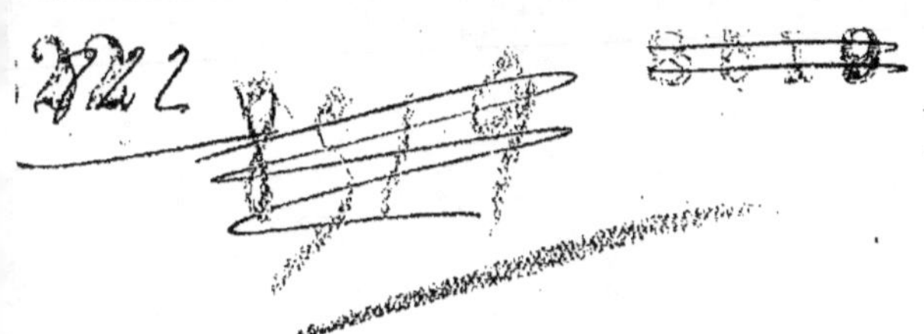

L'Expansion coloniale belge

*Conférence donnée à Liége,
le 3 novembre 1905,*

par le

Colonel Albert Thys

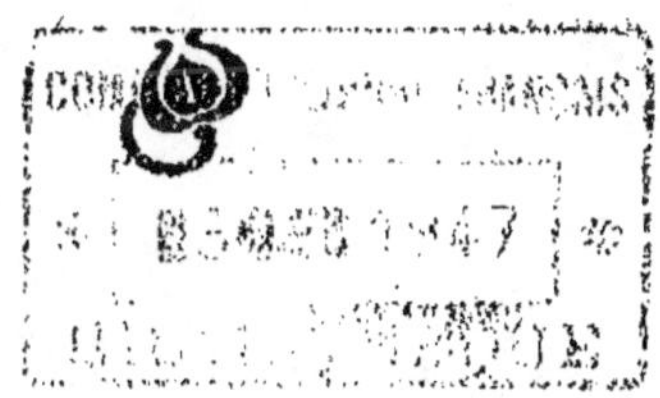

BRUXELLES
IMPRIMERIE VEUVE MONNOM
32, RUE DE L'INDUSTRIE, 32

1905

L'Expansion coloniale belge

Considérations générales
sur la colonisation.

La colonisation comprend un des plus vastes champs de l'activité humaine. S'il est difficile de dire exactement où elle commence et où elle finit, on peut affirmer qu'elle a existé à toutes les époques, modifiant sans cesse ses procédés.

Dans les temps anciens, elle s'est manifestée sous la forme des grandes migrations de peuples, comme l'invasion des barbares, ou d'expéditions plus ou moins nombreuses allant opérer par delà les mers, tout en conservant avec la mère patrie des relations permanentes et étroites, tels les Phéniciens et, plus tard, les Grecs, fondant sur tout le littoral de la Méditerrannée des comptoirs, dont plusieurs se transformèrent en villes florissantes, comme Carthage, Marseille, Syracuse. Dans des temps plus rapprochés, ce sont les Espagnols et les Portugais qui, à l'initiative de quelques hardis navigateurs, découvrent de nouvelles terres qu'ils occupent et exploitent, devenant ainsi, pour un certain temps, les maîtres incontestés du commerce des produits des tropiques ; les Anglais, obéissant à un besoin d'expansion qui semble être une des caractéristiques les plus remarquables de leur race, allant par delà les mers conquérir de véritables empires dont ils font des dépendances soumises au contrôle et à la direction de la Grande-Bretagne ; les Hollandais, amenés logiquement, semble-t-il, par la lutte entreprise contre la mer pour augmenter leur habitat, à s'aventurer au loin sur l'océan, et allant fonder aux Indes occidentales une nouvelle Hollande qui sera pour eux, pendant deux siècles, une source considérable de richesses.

Enfin, dans l'époque contemporaine, une véritable émulation se manifeste parmi les peuples civilisés dans la poursuite des œuvres coloniales. Tandis que l'Angleterre étend sans cesse ses possessions d'outre-mer, la France se préoccupe à son tour, avec une énergie remarquable, d'agrandir et d'exploiter son empire colonial ; nouvelle venue, l'Allemagne prend résolument pied en Afrique et en Océanie et, si son action politique n'a pas rallié encore l'unanimité de la nation germanique, le monde entier doit rendre hommage à l'intelligence pratique, à la hardiesse et à la ténacité de ses commerçants qui ont conquis partout, en moins d'un demi-siècle, une situation qui témoigne d'un progrès économique sans précédent dans l'histoire du monde. L'Amérique elle-même est entraînée par le courant général et nous la voyons forcer l'Espagne vaincue à lui abandonner les Philippines, destinées à devenir le point d'appui de l'influence politique et surtout économique des États-Unis dans les pays d'Orient.

Dans ce tournoi gigantesque engagé depuis un demi-siècle, la Belgique n'a joué, comme nation, qu'un rôle absolument effacé. Mais un Belge de génie, le roi Léopold II, a exercé une influence prépondérante sur le mouvement colonial du monde pendant ces trente dernières années. L'histoire, confirmant l'avis unanime des hommes impartiaux de notre époque, affirmera que c'est, en grande partie, à son initiative que sont dues la découverte et l'occupation de l'Afrique centrale. Elle rendra hommage à la générosité du Roi subsidiant, presque seul, pendant cinq ans, les missions coûteuses qui, au milieu de difficultés sans nombre, ont procédé à la reconnaissance et à l'occupation du centre du continent africain. Elle admirera l'ingéniosité et l'habileté diplomatique déployées pour faire reconnaître par les nations civilisées la souveraineté d'un État créé par des moyens absolument pacifiques. Elle dira que le Souverain a montré ensuite, dans l'organisation de celui-ci, une volonté énergique qui ne s'est pas un instant démentie.

La nation belge, ralliée définitivement à l'œuvre qui constitue certainement l'effort le plus considérable qui ait été réalisé, en Belgique, pendant les soixante-quinze années d'indépendance nationale dont nous avons célébré cette année l'anniversaire, la nation belge inscrira avec orgueil le nom du Roi au livre d'or de la patrie; elle y inscrira aussi le nom de ceux qui se sont illustrés à ses côtés et cela dans tous les ordres d'idées. Car le Roi a trouvé pour l'assister, parmi ses compatriotes, les hommes qu'il fallait. C'est la preuve indéniable que la Belgique est prête pour la vie coloniale, et ce ne sera pas le moindre mérite de l'œuvre royale de l'avoir démontré, alors que le pays s'ignorait encore.

C'est pour moi un devoir de rappeler, à côté des noms des explorateurs dont il sera fait mention au cours de cette conférence, ceux des diplomates avisés, MM. le baron Lambermont et Banning, des administrateurs d'élite, Janssen, van Eetvelde, Wahis, Fuchs, Wangermée, Malfeyt.

L'industrie privée a aussi trouvé des hommes à la taille des entreprises dont elle a pris l'initiative et je tiens à signaler, à ce propos, l'intelligence, la hardiesse et la science pratique des ingénieurs belges qui ont construit le chemin de fer de la région des cataractes : MM. Charmanne, Goffin, Paulissen, Cito, Biermans, Adam, Trouet. Je saisis aussi cette occasion de rendre hommage à la grande compétence du docteur Bourguignon et au dévouement du capitaine Weyns chargés respectivement de la direction du service sanitaire et du service des camps et cantonnements de la Compagnie du chemin de fer du Congo.

*
* *

L'expansion coloniale de la Belgique se résume uniquement aujourd'hui dans l'œuvre du Congo. C'est sans doute en raison de la participation modeste, mais profondément dévouée que j'ai apportée, pendant quelques années, à cette grande entreprise, que je dois l'honneur que m'a fait le Comité exécutif de l'Exposition de Liége, en m'invitant à prendre la parole aujourd'hui devant vous. Je lui en exprime ma reconnaissance.

*
* *

De tous les sentiments qui animent l'homme, un des plus naturels, et, par conséquent, des plus sincères, est évidemment celui qui l'attache au sol et au milieu où il est né et où il a vécu.

Quelque développées que puissent être aujourd'hui les idées d'internationalisme, les plus hardis de leurs adeptes, ceux qui s'attaquent au sentiment de patrie qui, cependant, même en ces temps de scepticisme, engendre encore les plus grands héroïsmes, n'oseraient nier l'amour de l'homme pour son sol natal. C'est en quelque sorte un lien matériel dont chacun se rend compte instinctivement, mais dont ceux qui ont dû s'expatrier mesurent seuls exactement la force. Que ceux qui sont rentrés au village natal après une longue absence en pays lointain se souviennent ! Déjà, sans doute, en franchissant la frontière, en entendant parler la langue du pays, ils ont été émus. Mais la vraie émotion, celle qui secoue les plus robustes et trouble les plus sceptiques, ils l'ont ressentie quand, dès le débarquement à la gare voisine, ils ont entendu le patois qu'ils ont bégayé enfants ; quand au loin ils ont vu le village enfoui dans la verdure, tandis qu'un air frais, vivifiant, tout différent de celui qu'ils avaient respiré pendant de longs mois, leur fouettait le visage et dilatait leurs poumons ; quand, se rapprochant davantage, ils ont retrouvé les chemins et les sentiers où ils ont couru tout petits ; quand, s'avançant toujours, ils ont retrouvé les amis de leur jeune âge, disant leur joie de revoir l'absent ; quand enfin, sur le seuil de la maison qui a abrité leurs premiers jours, ils ont aperçu le vieux père, la vieille mère tout tremblants et qu'ils se sont jetés en pleurant dans leurs bras. Ceux qui ont passé par ces émotions du retour se rendent compte que l'amour de l'homme pour son foyer d'origine échappe à toute convention, que ce sentiment a pris lentement mais totalement possession de l'être à mesure qu'il se développait et qu'il lui restera au cœur pour la vie.

Attaché profondément à son sol natal, l'homme ne le quitte jamais qu'avec souffrance. Il ne s'impose cette souffrance que dans le but d'augmenter sa somme de bonheur, soit dans l'ordre moral, pour satisfaire à ses besoins de liberté et de justice, soit dans l'ordre économique, pour satisfaire à ses besoins matériels.

Vouloir être plus heureux, c'est chez l'homme un besoin impérieux : c'est le secret de la conservation et du développement de l'espèce.

Sous ces préoccupations, l'homme a été parfois contraint de quitter son sol d'origine, chassé par la persécution politique ou religieuse — tels les protestants quittant la France pour échapper aux rigueurs de l'Édit de Nantes. Mais ce sont là souvenirs d'un autre âge. Les derniers remparts de l'absolutisme s'écroulent sous la pression irrésistible du progrès; la liberté de la pensée a définitivement triomphé dans tout le monde civilisé. L'ère des persécutions religieuses ou politiques semble à la veille d'être définitivement close.

En dehors de quelques cas isolés, l'étude de la colonisation à travers les âges montre d'ailleurs que les entreprises coloniales ont presque toujours été logiquement déterminées par des considérations d'ordre économique et j'estime qu'il en sera de plus en plus ainsi dans l'avenir.

Je n'éprouve, pour ma part, aucune gêne à faire cette déclaration très précise ; mais je vais plus loin : au risque de paraître peu élevé dans mes conceptions, j'estime que le devoir des dirigeants est de n'engager les peuples dans la politique coloniale que s'il doit en résulter pour eux un accroissement de bien-être matériel.

Les entreprises lointaines sont trop pénibles, trop coûteuses, trop aléatoires pour qu'elles puissent être déterminées par des considérations morales d'ordre général qui ont, à mon humble avis, été trop souvent et inutilement mises en avant pour les justifier.

Elles ne peuvent et ne doivent être raisonnées et solutionnées que comme on raisonne et solutionne une affaire. Le peuple qui veut s'engager dans la politique coloniale doit, avant de s'y décider, dresser le bilan probable de l'entreprise qui lui est proposée. Si, après une étude approfondie, il reconnaît que le bilan conclut par un solde favorable — et j'entends par là un résultat proportionné aux risques — il doit accepter et dès lors se préparer à montrer l'énergie, la ténacité, la persistance dans l'effort, qui, seules, dans les entreprises de l'espèce, conduisent au succès. S'il arrive à la conclusion contraire, il doit s'abstenir, quelles que soient les considérations que l'on puisse faire valoir.

Et ce que je dis des nations, je le dirais volontiers des individus. Qu'ils se défient de l'esprit d'aventure qui fermente en tout homme et le sollicite. Qu'ils se renseignent soigneusement, qu'ils s'étudient surtout avec la plus scrupuleuse et la plus sévère attention.

Combien ai-je connu de jeunes gens, dont l'enthousiasme était tombé à la première fièvre, et qui souffraient visiblement de l'éloignement du lieu natal ! Quelques-uns donnaient alors le spectacle d'êtres sans volonté, sans énergie, insensibles également au reproche ou à l'exhortation bienveillante ; d'autres, au contraire, à l'âme plus fière, accomplissaient leur devoir, mais montraient par leur attitude farouche toute les souffrances de la nostalgie.

Sans doute, et quoi qu'on ait dit, certaines personnalités peuvent n'envisager les entreprises coloniales qu'en se plaçant à un point de vue détaché des choses matérielles. Les missionnaires de tous les cultes, les admirables sœurs de charité qui vont aux colonies soigner les malades, fournissent chaque jour la preuve du sublime désintéressement qu'inspire la foi. J'ai connu aussi personnellement certains coloniaux de grand caractère, dont l'âme vibrait d'une grande passion scientifique ou humanitaire et qui, eux aussi, étaient insensibles aux souffrances comme aux intérêts matériels. Ce sont là des exceptions. Je crois qu'en réalité, pour les individus comme pour les sociétés, les principales préoccupations de ceux qui se rendent aux colonies sont logiquement d'ordre matériel.

Mais, je tiens à le répéter, s'il appartient à l'individu isolé de prendre ses résolutions en toute indépendance, celui qui assume la responsabilité d'engager ses concitoyens dans les entreprises coloniales, doit agir avec circonspection en raison des responsabilités qu'il assume.

Ces réflexions, je les ai faites au Congo, il y a treize ans, je les ai notées dans mon carnet de voyage, me promettant de les publier un jour.

C'était au mois de juillet 1902. Je venais de parcourir les huit premiers kilomètres du chemin de fer de la région des cataractes alors achevés au prix d'efforts énormes. J'avais revu cette maudite vallée de la Pozo, traversé les ponts jetés sur les ravins de la Mort, de la Miséricorde, de la Désespérance, noms terribles donnés par les ingénieurs à toutes les étapes de leur rude labeur et où un seul nom, le ravin des Eaux-Bonnes, jetait une note claire. J'avais devant moi la montée effrayante de Palabala, où les terrassements se poursuivaient, dans le ravin du Diable, au milieu de difficultés tout aussi grandes; j'étais très fatigué… et j'écrivis ceci : « L'heure présente est sombre. Je ne vois partout que difficultés. J'ai cependant la conviction que le plus dur est fait. Mais arriverai-je jusqu'au bout ? En toute sincérité, je le crois. Dans tous les cas, j'ai la conscience tranquille. Je n'ai accepté la responsabilité de ce grand travail qu'après l'avoir étudié avec soin. Je ne l'ai entrepris qu'avec le sentiment que, si l'œuvre était difficile, elle devait aussi être féconde en ses résultats et que ceux-ci seraient proportionnés aux risques. Si je me suis trompé et si je dois succomber dans la lutte, j'espère qu'il me sera pardonné ».

Et j'ajoutais : « Je n'écris nullement sous l'influence du découragement. J'ai seulement voulu fixer mes pensées d'aujourd'hui pour me pénétrer une fois de plus de la nécessité de ne s'engager dans les affaires coloniales qu'après une étude profondément mûrie. J'ai conservé toute mon énergie. J'espère que l'avenir justifiera l'ardeur de ma foi. »

Vous le savez, messieurs, il en a été réellement ainsi. Un an après, le chemin de fer arrivait sur les hauts plateaux, au col de l'Horizon, d'où nous pouvions envisager l'avenir avec confiance. La partie était définitivement gagnée. Ce fut le grand bonheur de ma vie.

*
* *

Dans un travail, d'ailleurs extrêmement intéressant, qui a été publié dans la *Bibliothèque socialiste*, M. Paul Louis écrit : « La colonisation contemporaine, comme d'ailleurs le colonialisme de toutes les époques, découle du régime économique. L'expansion exotique de notre âge se ramène même à une explication beaucoup plus simple que les migrations des temps antiques. C'est parce que la classe possédante — la bourgeoisie industrielle et commerçante — recherche soit des débouchés pour ses usines, soit un placement pour ses réserves d'argent, soit de nouvelles sources d'exploitation et de richesse, qu'elle a détourné l'attention publique vers les entreprises d'outre-mer. »

Supprimez dans cette appréciation l'attaque contre la classe possédante, la bourgeoisie industrielle et commerçante. Et lisez simplement en place de ces mots ceux-ci « les nations industrielles et commerçantes » et me voilà absolument d'accord avec l'auteur socialiste. Notre conviction s'exprime même dans des termes presque identiques. Et notre modestie commune n'aura rien à souffrir, si je rappelle que d'autres ont énoncé cette vérité avant nous; Balzac, notamment, dans son *Médecin de campagne*, lorsqu'il dit : « Quand un pays est en plein rapport, et que ses produits sont en équilibre avec sa consommation, il faut, pour créer de nouvelles fortunes et accroître la richesse publique, faire à l'extérieur des échanges qui puissent amener un courant actif dans sa balance commerciale. » Vous le voyez, tout cela se ressemble très fort. Mais notre communauté de vues s'arrête à peu près là. M. Paul Louis, en effet, qui ne rêve que destruction de la société moderne, voit dans le colonialisme moderne uniquement un puissant et admirable instrument de propagande pour son parti. Il montre tous les dangers de la colonisation, en fait ressortir tous les abus, les guerres et les révoltes qui en résultent, l'extension du militarisme qui en est la conséquence ; il insiste sur les dépenses auxquelles les colonies entraînent, sur la liberté des indigènes menacée, puis met « la classe ouvrière en garde contre les ministres dirigeants et les économistes engagés dans la politique coloniale et qui ont accumulé les formules dérisoires, pour convaincre le peuple, trop souvent sentimental et naïf, détourné de toute perception nette des réalités par l'éducation de l'école primaire, et qui offre à la duperie des mots, une masse malléable à merci. » Et après cette jolie phrase, en conclusion, M. Paul Louis ajoute : « Mais la classe ouvrière ne saurait plus se laisser prendre au mirage des mots, aux séductions de la phraséologie humanitaire. Son autorité est assez grande déjà pour qu'elle marque sa solidarité effective avec les indigènes annexés en revendiquant pour eux des droits essentiels, des sauvegardes d'existence et de subsistance. »

C'est dépenser beaucoup d'efforts pour tomber, en définitive, dans le même travers que l'adversaire. Je ne puis m'empêcher de dire à mon tour : « C'est vraiment trop abuser de la crédulité du peuple, trop souvent sentimental et naïf, masse malléable à merci, de la duperie des mots, de la phraséologie humanitaire. » Je me refuse à croire que le peuple ouvrier

soit aussi sentimental et naïf que cela. La
vérité est que la politique coloniale doit être
utilitaire, qu'elle est une question de fait
et non de sentiment, qu'elle s'impose aux
peuples qui produisent des objets manufac-
turés avec excès et qui, par contre, habitent un
sol insuffisant pour les nourrir ; que, dans cet
ordre d'idées, les intérêts de la classe diri-
geante, de la bourgeoisie industrielle et commerçante sont absolument connexes avec ceux
de la classe ouvrière et qu'il continuera à en
être ainsi tant que les sociétés humaines seront
réparties sur le globe comme elles le sont
actuellement, groupant sur certains territoires
des populations énormes vivant d'industrie,
tandis que d'autres régions non encore entrées
dans la voie du travail manufacturier produisent uniquement des matières premières.
Ce sont là des vérités fatales, inéluctables, et
ce seront les vérités de demain, même si le
parti socialiste arrive au pouvoir. Et si cette
dernière éventualité se réalise, les dirigeants
des peuples auront les mêmes devoirs qu'aujourd'hui, ils feront de la colonisation comme
aujourd'hui, avec probablement les mêmes
fautes qu'aujourd'hui et les mêmes consé-
quences. Si un jour l'humanité change de
fond en comble son organisation et ses habi-
tats, si, chaque ouvrier ayant un jour sa vache
au Congo, comme en Belgique ou au Kam-

chatka, la lutte pour la vie disparaît de terre, les expansions coloniales prendront peut-être fin. Les hommes, nos arrière-petits-enfants, seront devenus des anges. Ainsi soit-il!

La Compagnie d'Ostende.

Les « Provinces belgiques » arrivèrent rapiment à cet état de prospérité que dépeint Balzac et qui amène un pays à jeter les yeux au dehors. Aussi les manifestations coloniales furent-elles nombreuses chez nous dans des temps déjà reculés.

Dès le XIe, le XIIe et le XIIIe siècle le besoin d'expansion était si grand qu'il se forme des colonies wallonnes en Sibérie, en Hongrie, en Transylvanie. Des colonies belges s'implantèrent en Angleterre pendant tout le moyen-âge. Les Açores furent découvertes, en 1431, par un Flamand, poussé par le vent et la tempête. Les Portugais en prirent ensuite possession. Puis elles furent données par le roi de Portugal à Isabelle d'Aragon, mère de Charles le Téméraire. Colonisées par les Flamands, elles prirent et portèrent longtemps le nom « d'Iles flamandes ».

Nous ne pouvons que nous borner à signaler ces faits; mais nous croyons intéressant, ne serait-ce que pour prouver que l'histoire se renouvelle toujours, de consigner ici quelques détails que nous puisons dans l'intéressant ouvrage publié par M. Michel Huisman sur la Compagnie des Indes, fondée à Ostende, dans la première moitié du XVIIIᵉ siècle.

Ce fut au mois de novembre 1722, après quatorze mois de délibération, que la charte de la « Compagnie Impériale et Royale, établie dans les Pays-Bas autrichiens », fut achevée et que sa rédaction fut approuvée par l'empereur Charles VI.

La Compagnie ne fut cependant définitivement constituée qu'en 1723. La souscription publique aux actions eut lieu le 11 août. A 8 heures du matin les cloches de la cathédrale annoncèrent la célébration d'un service solennel. Une foule de fidèles écouta, recueillie, la messe du Saint-Esprit ; la bénédiction du ciel fut appelée sur les opérations de la Société aux Indes, et l'assistance se dirigea vers la Bourse, que le magistrat communal avait mise à la disposition des directeurs. Les souscriptions, ouvertes à 9 heures, s'élevaient à 11 heures à 3 millions de florins ; à la fin du jour, elles atteignirent 4 millions et déjà s'opérait sur le prix des actions une prime de 10 p. c. Le lendemain 12 août, en quelques heures, les 2 millions restants furent couverts. On clôtura les registres. Aux portes de la Bourse une quantité de souscripteurs se pressaient impatients; plus de 1 1/2 million de capitaux ne trouvèrent pas à s'engager dans la Compagnie.

Celle-ci s'était entourée de tous les éléments de réussite Elle possédait une charte mieux pondérée et plus avantageuse que n'importe quelle autre charte de l'époque ; elle eut la bonne fortune d'être administrée par un groupe d'hommes prudents, intègres et expérimentés. Ils poursuivirent leur trafic dans deux régions de l'Asie qui offraient à la fois un accès facile et des ressources variées : l'Inde et la Chine. Les relations avec l'Extrême-Orient furent les plus lucratives : les six expéditions faites vers le Céleste-Empire laissèrent un bénéfice de 8 millions de florins environ. Les efforts vers l'Inde ne furent pas couronnés du même succès. Des négociations onéreuses avec les dynastes hindous, un personnel nombreux, des installations nécessitant une protection et une défense incessantes, absorbèrent des sommes importantes, qui n'eussent cependant pas été perdues si le négoce d'outre-mer n'avait pas été brusquement interrompu. En quelques années les directeurs de la Compagnie avaient réussi à doter la Belgique d'installations prospères, pourvues d'agents laborieux et dévoués. Les détachements qui défendirent les factoreries jusqu'à la dernière extrémité, déployèrent une énergie et une endurance qui marquent bien la vitalité d'une race et la puissance d'expansion d'un peuple.

Sur le capital versé de 4,500,000 florins, la Société des Indes avait distribué à la fin de l'année 1730, donc en sept ans, 6,180,000 florins de dividende; en 1745 elle avait remboursé 11,790,000 florins.

C'est pour réduire cette activité, pour empêcher ces efforts d'émancipation et d'expansion coloniale, que les puissances maritimes combattirent la Compagnie avec une âpreté et une mauvaise foi dont l'histoire offre peu d'exemples.

Malheureusement l'empereur Charles VI ne fut pas à la hauteur des circonstances; il se montra pusillanime, faible, hésitant. Il céda à la pression de l'étranger et la Compagnie d'Ostende fut dissoute en 1737. Elle ne fut plus jamais reconstituée, malgré les démarches que les principaux directeurs firent ensuite auprès de Marie-Thérèse.

L'Association internationale africaine. Le Comité d'études et l'Association internationale du Congo.

Rien n'est à signaler, au point de vue de l'expansion coloniale belge, ni pendant la première République française, ni sous l'Empire jusqu'au moment de notre réunion à la Hollande, en 1815. De 1815 à 1830, notre puissance d'expansion trouva dans les Indes néerlandaises un débouché naturel.

Les premières années qui suivirent la proclamation de notre indépendance nationale furent naturellement une période de recueillement et d'organisation ; mais, dès les années 1841 et 1844, nos besoins d'expansion au dehors se manifestent à nouveau par des tentatives de colonisation au Guatemala et au Brésil, puis plus tard au Rio-Nunez. Aucun de ces essais ne mérite d'ailleurs de retenir l'attention.

Nous ne les signalons, de même que les migrations de groupes importants de campagnards des environs de Nivelles et de Grez-Doiceau qui, vers 1846, allèrent fonder dans le Visconsin des colonies devenues prospères comptant aujourd'hui plusieurs milliers d'habitants, que pour montrer qu'il existait déjà en Belgique des aspirations vers un mouvement colonial.

Dès son début dans la vie politique nationale, le roi Léopold II, dans un discours qu'il prononce au Sénat, appelle l'attention de ses concitoyens sur la nécessité d'élargir leurs horizons en portant leurs vues au delà des mers. Depuis lors la préoccupation du Roi reste constante. A vingt reprises différentes il revient sur la même idée : il est indispensable

que la Belgique se préoccupe de se procurer
et de s'assurer des débouchés nouveaux et
lointains.

En 1876, le Roi donne une première consé-
cration pratique à ses vues. Ils convoque à
Bruxelles une conférence géographique réu-
nissant les voyageurs africains les plus nota-
bles, les présidents des grandes sociétés de
géographie, des hommes politiques et des philanthropes de tous pays, et, dans un discours
remarquable qu'il prononce dans la séance
d'ouverture, il expose un programme complet
de l'œuvre internationale qu'il préconise dans
le but de coordonner les efforts de toutes les
nations en vue de poursuivre systématiquement la reconnaissance et l'occupation de
l'Afrique centrale. Des délibérations de la
conférence de Bruxelles sortit l'Association
Internationale Africaine. Son but était d'établir en Afrique une chaîne de stations hospitalières internationales, arborant le drapeau
bleu à étoile d'or, et vivant sous la simple
protection du droit des gens. Tout voya-
geur, quelle que fût sa nationalité, tout mis-
sionnaire quel que fût son culte, tout commer-
çant, quel que fût l'objet de son commerce
pouvait y trouver l'hospitalité et y réclamer
assistance. C'était une œuvre de haute portée
philosophique, mais non une œuvre coloniale
dans le sens ordinaire du mot.

Depuis lors, on a voulu voir, dans les discours qui furent alors prononcés, « des déclamations creuses et des raisonnements de haute métaphysique sociale », pour me servir du langage que je rappelais tantôt. D'autres, admirateurs du Roi, d'ailleurs, veulent lui prêter, à cette occasion, l'attitude d'un profond diplomate qui avait déjà conçu les projets qu'il a réalisés depuis et qui n'aurait constitué l'Association Internationale Africaine que dans le but de s'en servir comme d'un manteau pour cacher ses vues. L'habile homme! s'écrient ces trop zélés courtisans.

J'ai la conviction absolue que tout cela est de l'histoire imaginée après coup. Les vues du Roi étaient exactement celles qui ont été exposées, c'est-à-dire exclusivement humanitaires et scientifiques. Sans doute, et il l'a alors déclaré, il était heureux de voir partir le mouvement de Bruxelles et il espérait qu'il en résulterait pour le bon renom de la Belgique quelque utilité; mais le Roi ne songeait pas à faire des stations que devait fonder l'Association Internationale Africaine autre chose que des stations hospitalières et scientifiques. Disons tout de suite, d'ailleurs, que les résultats obtenus par les cinq expéditions belges qui furent successivement organisées par l'Association Internationale Africaine, sous la direction des capitaines Cambier et Popelin, de Carter et de

Cadenhead, des capitaines Ramaekers, Becker et Storms, ne répondirent pas aux sacrifices ni au dévouement admirables des explorateurs qui les composaient.

L'Association Internationale Africaine fut dissoute au moment où la sixième expédition, sous les ordres de Becker et de Dhanis, arrivait à Zanzibar. Les deux stations de Karema fondée par Cambier, et de Mpala fondée par Storms, furent remises aux Pères blancs.

Deux ans après, en 1878, les idées dominantes du Roi se précisent. Stanley vient de traverser l'Afrique. A son arrivée à Marseille, il trouve deux envoyés de Léopold II, le baron Greindl, alors secrétaire général de l'Œuvre africaine, et le général Sanford, qui viennent lui demander son concours pour la réalisation d'une entreprise nouvelle, grandiose, conçue par lui, et quelques mois plus tard, le 25 novembre 1878, se constitue, à Bruxelles, une association en participation, sous le nom de « Comité d'Études du haut Congo ». C'est cette société qui est devenue ensuite « l'Association Internationale du Congo « puis « l'État Indépendant du Congo ». Le colonel Strauch, qui venait de remplacer le baron Greindl en qualité de secrétaire général de l'Association Internationale Africaine, fut nommé président du nouveau comité.

Il n'était plus question cette fois d'une

société scientifique, mais bien d'une véritable entreprise coloniale, poursuivant un but politique nettement défini. Ce but est d'ailleurs indiqué avec la plus grande netteté dans les instructions qui sont données par le président du comité d'études à Stanley. Il se résume tout entier dans ce paragraphe : « Notre entreprise ne tend pas à la création d'une colonie belge, mais d'un puissant État nègre ». C'est ce qui a été fait, en cinq ans, avec une énergie sans exemple. Je ne puis exprimer mon admiration à ce sujet en meilleurs termes que l'a fait mon vieil ami A.-J. Wauters. dans l'excellent livre duquel j'ai d'ailleurs puisé largement pour la rédaction de cette conférence : « Si après cette conception ambitieuse et originale quelque chose doit encore étonner, c'est la rapidité, la discrétion et l'esprit de suite avec lesquels on la réalisa » (1).

C'est en 1879 que Stanley, à peine remis des épreuves de son mémorable voyage à travers le continent mystérieux, repartit pour le Congo. Au mois d'août, son expédition, munie de plusieurs vapeurs démontables destinés à la navigation du haut Congo, était réunie à Banana. La composition de son personnel en affirmait le caractère international ; il comptait quatre Belges, trois Anglais, trois Américains,

____

(1) *L'État Indépendant du Congo*, Bruxelles, 1899.

deux Danois et un Français. La station de Vivi fut fondée le 1ᵉʳ février 1880. Stanley en fit la base de ses opérations. Les steamers furent démontés et on entreprit leur transport à travers cette région des cataractes qui, depuis quatre siècles, arrêtait toute tentative de pénétration.

Époque héroïque! année de terribles labeurs que celle pendant laquelle, dans ce pays sans route, par les ravins inondés, le long des rampes abruptes, une poignée d'hommes sans cesse décimés par la fièvre traînèrent les véhicules chargés de tronçons d'embarcations à vapeur, de maisons démontées, de meubles, d'outils, d'approvisionnements de toute espèce.

La marche fut lente. La station d'Isangila fut installée fin février 1880, celle de Manyanga, en mai 1881. En décembre de la même année, l'expédition atteignit le Stanley-Pool et Léopoldville fut fondé. Immédiatement, les vapeurs l'*En Avant*, *Le Royal*, *L'Association Internationale Africaine*, furent remontés et lancés sur les eaux du Pool. Ils avaient devant eux un fleuve libre de 1,800 kilomètres de longueur, aboutissant au centre même du continent. Stanley les conduisit sur le haut fleuve, reconnaissant en cours de route les lacs Léopold II et Tumba. Puis, ce fut le tour du capitaine Hanssens, chargé d'administrer le haut Congo, et qui, à son tour, poussa jusqu'aux Stanley-Falls, où une station fut établie.

Le caractère international de l'œuvre continue à s'affirmer pendant cette période par le choix des fonctionnaires et des explorateurs appelés à concourir, avec Stanley, aux premières installations et à l'organisation de l'entreprise. Le docteur allemand von Dankelmann crée, à Boma, la première station scientifique ; le capitaine anglais Grant Elliott prend le commandement de l'expédition chargée d'occuper la vallée du Niadi-Kwilu ; le lieutenant allemand Wissmann est chargé d'aller conquérir la Lunda et le royaume du Muata-Yamvo ; sir Frederik Goldsmith, ancien haut fonctionnaire du gouvernement des Indes, reçoit la mission particulièrement délicate de régulariser les traités conclus avec les indigènes qui ont transmis leurs droits politiques à l'Association du Congo.

Mais en même temps l'élément belge prend chaque jour plus de place dans les rangs du personnel et, dès cette époque, nous voyons apparaître au Congo quelques-uns de nos compatriotes qui vont jouer un rôle en vue dans l'histoire de l'État Indépendant :

Valcke, qui dirige à travers les chutes le transport de nouveaux steamers ; Liévin Vande Velde, adjoint au capitaine Grant

Elliott; Van Gèle, qui crée la station de l'Équateur; Coquilhat, celle de Bangala; Liebrechts, celle de Bolobo; Avaert, qui sera le premier commandant de la force publique; Haneuse, qui sera résident des Falls; Delcommune qui signe avec les rois de Boma le traité par lequel les chefs indigènes placent leur territoire sous le protectorat de l'Association; Allart, le premier médecin belge au Congo; Vankerckhoven, Georges Le Marinel et Hanolet qui ne vont pas tarder à jouer un rôle important dans l'exploration de l'Uelé.

En cinq années, l'Association Internationale du Congo réalisa des progrès extraordinaires. De brillantes reconnaissances avaient été poussées jusqu'au cœur du continent; cent peuples nouveaux avaient été pacifiquement révélés; cinq cents traités de suzeraineté avaient été signés avec leurs chefs; quarante établissements avaient été fondés; cinq steamers naviguaient sur le haut fleuve; le pays était occupé depuis le littoral jusqu'aux Falls et Luluabourg.

Le monde diplomatique ne pouvait pas rester spectateur indifférent à une entreprise aussi audacieuse et couronnée déjà de tant de succès.

La Conférence de Berlin
et l'Etat Indépendant du Congo.

Tandis que s'accomplissait en Afrique cette œuvre immense, les négociations diplomatiques avaient été entamées par l'Association Internationale du Congo, en vue de faire reconnaître par les Puissances ses droits de souveraineté sur les territoires occupés par elle en Afrique. On put craindre un instant que tout ne fût perdu. Le 26 février 1884, en effet, le gouvernement de la Grande-Bretagne signait avec le Portugal un traité par lequel, en échange de certains avantages économiques, il reconnaissait la souveraineté du Portugal sur le littoral et sur les deux rives du Congo jusqu'à Noki. Si ce traité était ratifié et admis par les Puissances, c'était l'Association privée de toute communication avec la mer par l'estuaire du Congo. L'Association avait heureusement prévu cette éventualité et c'est en vue de se conserver l'accès de l'océan par la voie du Niadi-Kwilu que furent organisées les expéditions conduites par Grant-Elliott.

La France convoitait les mêmes régions et avait chargé de Brazza de les occuper. Mais l'explorateur français fut moins heureux ici que lorsqu'il avait réussi à devancer Stanley au Pool et à lui barrer l'accès de la rive droite du fleuve. Il fut à son tour devancé par Grant Elliott, des traités assurèrent à l'Association Internationale du Congo la possession de la vallée du Niadi Kwilu et du littoral depuis Cette-Cama jusqu'à Loango ; seize stations affirmèrent cette occupation.

Le traité du 26 février 1884 constituait néanmoins un grand péril. C'est à ce moment que le Roi Léopold, en diplomate expert, se voyant abandonné par l'Angleterre, conclut avec la France l'accord du 23 avril 1884, dont on a tant parlé depuis, par lequel le gouvernement de la République s'engageait à respecter les stations et territoires libres de l'Association Internationale du Congo et à ne pas mettre obstacle à l'exercice de ses droits. De son côté, l'Association déclarait qu'elle ne céderait à personne ses possessions et que si, par des circonstances imprévues, elle était amenée un jour à les réaliser, elle s'engageait à donner à la France un droit de préférence. On sait que, par une convention du 5 février 1895, la France a admis que ce droit de préférence ne pouvait être opposé à la Belgique.

La résistance que souleva le traité anglo-portugais du 26 février fut heureusement vive et unanime. Les gouvernements français et allemand protestèrent et se mirent d'accord pour régler la question africaine par une entente générale. Des ouvertures faites aux puissances par le prince de Bismarck en vue de la réunion d'une conférence internationale, ayant cette œuvre pour objet, furent successivement et favorablement accueillies.

L'Association internationale du Congo avait entretemps remporté son premier grand succès diplomatique : le 22 avril 1884 le gouvernement des États-Unis avait reconnu sa souveraineté. Elle en remporta un plus grand encore, décisif cette fois, en signant, le 8 novembre 1884, c'est-à-dire sept jours avant l'ouverture de la Conférence de Berlin, un traité avec le gouvernement allemand par lequel celui-ci reconnaissait le pavillon de l'Association — drapeau bleu avec une étoile d'or au centre — comme celui d'un État ami. Les choses allèrent dès lors rapidement. Dans l'espace de trois mois, de décembre 1884 à février 1885, l'Association vit reconnaître son pavillon et consacrer ses droits politiques et territoriaux par des traités passés avec toutes les puissances. Le dernier fut signé avec la Belgique, le 23 février.

Le même jour la Conférence de Berlin se réunissait et le colonel Strauch, président de l'Association Internationale du Congo, lui donnait notification, aux applaudissements unanimes de l'assemblée, de la reconnaissance de l'Association, comme État souverain, par toutes les puissances représentées à Berlin ; il adhérait en même temps au nom du nouvel Etat à l'acte général de la Conférence. Le but poursuivi par le Roi était réalisé.

Les grandes découvertes.
Exploration et occupation méthodique du Congo.

Au moment de la réunion de la Conférence de Berlin, les agents de l'Association internationale du Congo n'avaient encore fait que suivre les traces de Stanley, le long de la branche maîtresse du fleuve, depuis Vivi jusqu'aux Stanley-Falls. Avec l'année 1885, s'ouvre l'ère de ces explorations sensationnelles qui vont pendant dix ans faire l'étonnement et l'admiration du monde scientifique.

La plupart des nations sont représentées dans le groupe des explorateurs. C'est Wissmann et son adjoint le docteur Ludwig Wolff, qui, par leur reconnaissance du Kasaï d'abord, du Sankuru ensuite, révèlent une voie de pénétration large et profonde, accessible aux steamers du Stanley-Pool et conduisant à quelques journées de marche du Manyéma. C'est Grenfell, qui explore plusieurs des grands affluents du Congo central : la Mongala, le Ruki, l'Itimbiri, le Lomami, le Kwango et qui pose la question

de l'Ubangi, que, cinq ans plus tard, résoudra
le capitaine Van Gèle. C'est Stanley qui repa-
raît pour la troisième fois sur le grand fleuve,
à la tête de l'expédition au secours d'Emin
Pacha et qui, au cours de cette mémorable
mission, explore la grande forêt équatoriale
de l'Aruwimi, reconnaît la Semliki, le massif
neigeux du Ruwenzori et le lac Albert-
Edouard, merveilleux ensemble de découvertes qui couronne l'étonnante carrière du
célèbre explorateur.

A partir de 1887, les Belges commencent à
se signaler à côté des explorateurs étrangers.
Cambier, à la tête d'une brigade d'ingénieurs,
fait le levé de la région des cataractes, en vue de
la construction du chemin de fer ; Alexandre
Delcommune, qui a reçu la mission de reconnaître la valeur économique du haut Congo,
complète la reconnaissance des rivières du
centre et remonte le Lomami jusqu'à Bena-
Kamba ; Edouard Dupont explore géologique-
ment le bas Congo jusqu'à Kwamouth ; les
capitaines Delporte et Gillis font, jusqu'aux
Falls, une série d'observations géodésiques ; le
capitaine Roget explore l'Uele moyen ; le lieutenant Dhanis, le Kwango ; Hodister, la Mongala ; le capitaine Vankerckhoven reçoit le
commandement de la grande expédition vers
le Nil ; Paul Lemarinel, Delcommune, Briart,
Diederich, Bia, Francqui, Bodson, Cornet,

Stairs, et, plus tard, Brasseur et Lemaire couvrent d'un réseau d'itinéraires la région du Katanga.

A aucun moment du siècle la curiosité et l'enthousiasme géographiques n'ont été plus grands : « Sans exemple dans l'histoire des découvertes continentales, dit, le 21 avril 1888, le président de la Société de géographie de Berlin, l'illustre baron de Richtofen, apparaît la rapidité avec laquelle la partie la plus longtemps ignorée de l'Afrique, l'immense bassin du Congo, a été explorée dans toutes ses régions. Grand est le nombre des hommes qui ont trouvé là un champ de glorieuse activité. »

A la fin de l'année 1892, l'ère des grandes découvertes était terminée, mais une tâche importante restait à réaliser : asseoir définitivement la souveraineté de l'Etat sur son territoire, connaître exactement les ressources de son sol et de son sous-sol. L'œuvre de cette période est surtout caractérisée par les opérations militaires contre les Arabes et contre les révoltés Batéléla, par l'occupation d'une partie du bassin du haut Nil et la révélation de la valeur des gisements miniers du Katanga.

*
* *

Jamais notre action coloniale ne fut plus belle qu'au moment de la campagne arabe.

Vous souvenez-vous du mouvement d'indignation qui secoua le monde civilisé quand Livingstone et Stanley dépeignirent les horreurs de la traite, dans le centre africain ? Comme une nuée de sauterelles qui dévastent, en une nuit, une région entière, des bandes d'Arabes pillards tombaient sur les villages, massacraient sans pitié tous les malheureux qui ne représentaient pas une valeur marchande et se retiraient ensuite, poussant à coups de bâton vers la côte un lamentable troupeau de bétail humain, dont un dixième à peine arrivait au but.

Après avoir dévasté d'abord les côtes africaines, les traitants de Zanzibar s'étaient avancés vers le Tanganika. En 1868, un métis, Dougoumbi, s'établissait à Nyangwe et bientôt, à sa suite, les bandes arabes envahissaient et dévastaient le Manyéma. Le chancre rongeur s'étendait de plus en plus vers l'ouest. Le 28 janvier 1885, Van Gèle trouvait Tippo-Tipp installé aux Falls. Les agents de l'Etat et les Arabes y vécurent côte à côte, pendant environ un an, sans que la paix ne fût troublée; mais, au mois d'avril 1886, à la suite d'un incident de minime importance, la discorde éclata soudain. Les Falls durent être abandonnés à la suite d'événements dramatiques qui provoquèrent en Europe une vive émotion. La situation était évidemment très grave.

La diplomatie du Roi se montra à la hauteur des circonstances. C'eût été folie pour l'État naissant de vouloir dès ce moment entamer la lutte contre les marchands d'esclaves, organisés, armés et solidement établis dans le pays. Mieux valait temporiser, en essayant de convaincre les chefs arabes de l'avantage qu'il y avait pour eux de marcher d'accord avec l'Etat, en bornant leurs opérations au seul commerce libre.

C'est dans ce but, qu'à la suite de négociations conduites à Zanzibar par Stanley, Tippo-Tip fut nommé vali des Falls. Un contrat intervint à ce propos entre le représentant de l'État du Congo et Tippo-Tip, par lequel celui-ci s'engageait à arborer le pavillon de l'État sur sa station près des Stanley-Falls et à faire respecter l'autorité de l'État sur le fleuve et ses affluents, tant à sa station qu'en aval, jusqu'à la rivière Aruwimi. Tippo-Tip s'engageait, en outre, à empêcher les Arabes et les tribus établies dans ces régions à se livrer au commerce des esclaves; il devait recevoir un résident et se servir de son intermédiaire pour toutes les communications qu'il aurait à faire à l'administration centrale. Par contre, il devait avoir pleine liberté de se livrer au commerce légitime dans toutes les directions et dans tous les endroits qui seraient à sa convenance.

La nomination de Tippo-Tip en qualité de vali des Stanley-Falls a été vivement commentée. Nous estimons pour notre part que ce fut une mesure habile, inespérée au lendemain de la perte des Stanley-Falls : elle permettait à l'État du Congo de gagner du temps et de s'organiser pour la lutte, si celle-ci devait un jour se produire.

Quoi qu'il en soit, il fut permis d'espérer pendant plusieurs années que celle-ci pouvait être évitée. Tippo-Tip, ayant remonté le fleuve, depuis Banana jusqu'aux Falls, avec l'expédition envoyée au secours d'Emin Pacha, fut émerveillé des facilités que le grand fleuve africain présentait au point de vue des transports et parut absolument décidé à exécuter loyalement ses engagements.

S'il rencontra d'abord quelque opposition chez certains chefs arabes résidant aux Falls, il en eut promptement raison. Le 3o mai 1888, dans une entrevue qu'il eut aux Stanley-Falls avec Van Gèle et Van Kerckhoven, il affirma de nouveau son dévouement au Roi et à l'État du Congo et, comme nos compatriotes lui faisaient part des critiques que sa nomination de vali des Falls avait soulevées en Europe, il répondit vivement : « Je prouverai que le gouvernement a raison et je saurai ramener rapidement l'opinion en ma faveur ».

Cependant l'État Indépendant du Congo se préoccupait de l'éventualité d'une révolte toujours possible des Arabes et prenait des mesures de prudence. Deux grands camps retranchés furent fondés par lui, en 1888, l'un au confluent de l'Aruwimi, à Basoko, et l'autre sur le Sankourou, à Lusambo, dans le but d'arrêter les Arabes s'ils entreprenaient de descendre le fleuve, et d'en faire des bases d'opérations s'il était nécessaire d'agir contre eux. Des forces importantes y furent organisées, des approvisionnements et des munitions considérables y furent réunis.

Les appréhensions de l'Etat du Congo ne tardèrent pas, d'ailleurs, à prendre corps. Vers la fin de l'année 1890, les troupes du camp de Lusambo durent agir avec énergie pour arrêter les déprédations de bandes arabes qui s'étaient avancées jusqu'au Sankourou. Au mois de juillet 1891, les Arabes furent signalés sur l'Ubangi et sur l'Uele, et le 29 juillet le lieutenant Ponthier eut un engagement avec eux, à Bomokandi.

La situation devenait grave. Les dirigeants de l'Etat étaient de plus en plus convaincus que l'on serait forcé d'entamer contre eux une lutte décisive. Ces craintes ne devaient que trop tôt se justifier.

Au mois de mai 1893, les Arabes du Lualaba se soulevaient en masse et l'on apprit bientôt les massacres des expéditions Hodister et Doré. C'était la guerre déclarée, guerre âpre, sans merci. Elle fut conduite par les officiers

belges avec une énergie et une habileté qui
constituent pour l'armée nationale un titre de
gloire dont elle est à bon droit très fière.
Nombre de nos officiers s'illustrèrent alors :
Fivé, Dhanis, Ponthier, Chaltin, Michaux,
Daenen, Tobback, Rom, pour ne nommer
que les chefs. Je ne puis vous faire ici le récit
de cette brillante et difficile campagne, qui
ne comporte guère que des bulletins de vic-
toire. J'espère que quelque écrivain impartial
l'écrira un jour et saura rendre à chacun la
part de mérite qui lui revient.

Le 25 janvier 1894, les derniers Arabes
furent écrasés à Kasongo.

Certes, des fautes ont été commises au
Congo; mais, quand la science impartiale,
au moment où le recul du temps aura
donné aux événements leurs perspectives his-
toriques, pourra les peser justement dans sa
balance, elle ne manquera pas de dire que la
campagne arabe et l'anéantissement de la
traite brillent d'une vertu si haute qu'elles
rejettent dans l'ombre les quelques erreurs
qui ont pu être commises.

Ces importantes opérations militaires avaient
été faites à l'aide de troupes indigènes, dont
les liens avec l'État étaient trop récents
pour qu'il ne fût pas à craindre que, con-

scientes de leur force, elles ne fussent tentées de se soustraire à l'autorité de l'État. Une révolte éclata parmi elles ; un autre soulèvement de la force publique se produisit à Luluabourg. Il fallut organiser contre les Batétélas révoltés de véritables expéditions, qui durèrent jusqu'en 1899 et dans lesquelles se signalèrent particulièrement le capitaine Henry, le commandant Lory, le lieutenant Glorie. Dhanis anéantit enfin les derniers Batétélas, à Sangala.

Ces opérations, dirigées spécialement vers le Sud, allaient de pair avec une série d'expéditions tendant à reculer les frontières de l'État vers le haut Nil et le Chari. Dès 1890, une expédition s'était avancée vers le Nil. En juin 1893, Milz y plantait le premier le drapeau bleu, tandis qu'Hanolet, Nilis et de la Kéthule pénétraient dans la région des sources du Chari. De nouveaux adversaires se dressèrent alors devant les troupes de l'État : les Mhadistes, qui avaient reparu, en 1894, dans le Bahr-el-Gazal. Ces expéditions aboutirent aux traités de 1894, par lesquels l'État du Congo prit à bail de vastes territoires longeant le Nil supérieur et arrosés par le Bahr-el-Gazal et ses affluents. Les commandants Chaltin et Hanolet allèrent en organiser l'occupation, suivis, pendant ces dernières années, par le commandant Lemaire, rentré en Belgique depuis quelques semaines.

A côté de ces événements, que le temps n'a pas encore fixés dans leur cadre définitif et qui montrent nos compatriotes affirmant utilement au Congo leurs qualités militaires, nous voyons des géologues et des prospecteurs attirer tout à coup l'attention, dans le sud de l'État, sur d'importantes richesses minières.

M. Jules Cornet avait déjà signalé les richesses minières du Katanga; les prospections de l'ingénieur Buttgenbach confirmèrent ses constatations. Vers 1899, la « Tanganika Concession » proposa à l'État et à la Compagnie du Katanga de joindre leurs efforts, en vue de mettre en valeur le sous-sol du Katanga. Les prospections prouvèrent que ce pays est un des grands facteurs de la prospérité future de l'État du Congo. Depuis, la carte des gisements de cuivre, d'étain et de divers métaux précieux n'a cessé de se compléter et l'attention est dès aujourd'hui dirigée vers l'amélioration des voies d'accès qui, au Sud, ont été étudiées par l'expédition du commandant Jacques, tandis qu'au nord, l'ingénieur Adam construt la ligne de Stanleyville à Ponthierville.

Ce rapide exposé serait incomplet si nous n'enregistions, pour terminer, les travaux géodésiques entrepris dans les districts du bas Congo par le commandant Cabra, la construction de la ligne télégraphique du Stanley-Pool

à Equateurville, par le commandant Mahieu,
les reconnaissances du vice-gouverneur Wangermée et du commandant Bastien, le long de
la frontière orientale, les explorations du commandant Charles Lemaire, le long de la frontière méridionale, d'abord, dans les territoires
à bail du Nil, ensuite.

La politique économique de l'État Indépendant du Congo.

Je ne puis songer, au cours de cette étude
forcément restreinte, à exposer en détail l'organisation de l'État Indépendant du Congo,
telle qu'elle a été poursuivie systématiquement
pendant ces vingt dernières années. Je ne puis
pas davantage songer à vous décrire son immense domaine territorial, vous en faire ressortir les richesses, vous en montrer les habitants, en discuter le climat, étudier son
incomparable réseau fluvial et les travaux
déjà considérables qui ont été exécutés et qui
se continuent pour suppléer aux parties non
navigables des rivières, vous indiquer les ressources que le pays présente au point de vue
de la main-d'œuvre et comment on peut l'uti-
liser. Chacun de ces points séparés formerait
l'objet d'un volume. Je veux me borner à
exposer devant vous quelques considérations

générales sur les points qui me paraissent devoir appeler spécialement l'attention aujourd'hui.

L'État Indépendant du Congo existait avant sa reconnaissance par les Puissances. Il avait en Afrique une autorité s'exerçant sur un territoire déterminé et reconnue par la population. Ces éléments suffisent pour qu'il y ait État. C'est une question de fait. Les accords intervenus, en 1885, ont eu pour conséquence d'introduire dans le droit public de l'Europe le gouvernement qui s'était formé.

A partir de ce moment, l'État Indépendant du Congo est entré dans la famille des nations, reconnu par elles comme leur égal.

C'est un État civilisé, assumant sans réserve toutes les tâches des États civilisés, se chargeant de faire régner l'ordre et la justice dans ses territoires. C'est, de plus, un État civilisateur, un programme très noble et très haut lui ayant été tracé par l'acte de Berlin. Il doit se vouer à la protection des indigènes et à l'amélioration de leur race, faire disparaître la traite des esclaves, assurer la liberté de la navigation et du commerce, ainsi que la liberté religieuse.

Le nouvel État a dû s'organiser, transformer les rouages rudimentaires de l'Association internationale du Congo, en faire les organes d'un véritable État. Les conditions particulières dans lesquelles cette œuvre s'est accomplie me paraissent pouvoir être ainsi caractérisées :

1° L'État du Congo a, dans l'Acte de Berlin, une sorte de cahier des charges auquel il doit se conformer, non seulement dans sa lettre, mais dans son esprit;

2° Bien qu'il soit juridiquement un État africain, il est gouverné comme une colonie. En effet, son souverain réside à Bruxelles, ainsi que ses gouvernants. C'est de Bruxelles que viennent les impulsions, les hommes et les fonds. Il a cette originalité d'être un État indépendant dont le gouvernement se trouve à l'étranger. C'est donc, en réalité, une colonie, mais une colonie sans mère patrie, un enfant naturel, comme a dit un jour M. Paul Leroy-Beaulieu. En attendant que la Belgique le reconnaisse et l'adopte, il a dû, pour subsister, trouver les ressources indispensables en lui-même, et, pour le surplus, dans la générosité de son fondateur; plus tard, en 1890 et jusqu'en 1900, dans une aide pécuniaire de la Belgique. Ces circonstances défavorables à sa croissance, en l'obligeant à des efforts que d'autres colonies n'ont pas connus, en le mettant, dès le début, aux prises avec des difficultés qu'on ne mesure plus aujourd'hui, furent peut-être, dans une certaine mesure, un élément de succès; les gens robustes et les plus combatifs sont souvent ceux qui, dans leur jeune âge, furent obligés de déployer le plus d'énergie pour se faire au soleil la place qu'ils ambitionnaient.

Ces circonstances défavorables expliquent aussi et justifient, dans une certaine mesure, les modifications qui ont été apportées par l'Etat du Congo, en 1892, à sa politique économique.

* *

Les colonies sont, en général, gouvernées selon des principes très différents de nos principes constitutionnels. L'autorité gouvernementale y est plus puissante et plus indépendante. Elle est presque absolue. Il n'y a que deux contre-poids à cet absolutisme : le contrôle de la mère patrie et le contrôle, plus sérieux, de l'opinion publique lorsque la presse l'éclaire. Nous parlons ici, bien entendu, des colonies nouvelles, qui ne se gouvernent pas elles-mêmes, de celles qui ne sont pas arrivées à un degré de développement suffisant pour avoir leurs représentants aux Chambres législatives, comme l'Algérie, ou leur propre parlement, comme le Canada.

Au Congo, la toute-puissance du pouvoir gouvernemental est plus complète encore. Ne dépendant pas de la Belgique, l'Etat Indépendant se trouva, dès le début, affranchi des lisières résultant du contrôle d'un Parlement et, d'autre part, l'opinion publique belge ne le gêna jamais dans sa politique, puisque ses dirigeants n'en relevaient pas.

L'Etat du Congo est donc une monarchie absolue : tous les pouvoirs y dérivent du Souverain. Sa volonté fait loi. En dehors des obligations résultant des traités, elle ne peut rencontrer aucun obstacle. Nul n'a le droit de la contrecarrer. Le Souverain peut dire beaucoup mieux que Louis XIV : l'Etat, c'est moi.

On ne peut nier qu'une telle puissance, sans aucun contrôle, peut être dangereuse. Dépendant d'un souverain faible ou trop confiant en lui-même, versatile ou trop obstiné, peu éclairé ou mal informé, elle peut engendrer des maux inappréciables. Mais on doit aussi reconnaître que, bien conduite, elle est aussi puissante pour faire le bien et réaliser des progrès qu'elle peut être nuisible si sa direction est vicieuse. La politique générale de l'Etat a donc été ce que le Roi a voulu qu'elle fût, dans la plénitude absolue de son droit.

*
* *

Si l'on étudie au point de vue économique l'histoire du Congo, on distingue deux périodes bien tranchées : celle qui va de 1885 à 1891 et celle qui va de cette époque jusqu'à ce jour.

Pendant la première période, 1885-1891,

l'Etat envisagea sa mission comme celle d'un État pur et simple, ayant pour rôle principal de faire régner l'ordre, de rendre la justice, de percevoir les impôts et d'encourager le commerce et l'initiative privée.

L'État n'exploitait pas, mais engageait de toutes ses forces les particuliers à exploiter. Tout homme de bonne volonté, respectueux des lois, pouvait acheter librement les produits du sol congolais. L'indigène qui les récoltait pouvait les vendre à qui bon lui semblait.

Sous ce régime, des sociétés commerciales importantes, dont la création fut encouragée par l'Etat, se fondèrent. L'entreprise du chemin de fer est la plus connue.

Les résultats de la politique libérale suivie pendant ces cinq années par l'État Indépendant furent extraordinaires. La progression du commerce d'exportation suivit une marche ascendante extrêmement rapide et que l'histoire économique du Congo n'a depuis lors plus connue :

1887 . . . 1,980,000 francs.
1888 . . . 2,609,000 »
1889 . . . 4,297,000 »
1890 . . . 8,242,000 »

D'autre part, il faut reconnaître que cette politique, au point de vue du rendement des impôts, ne pouvait donner des résultats immédiats. Les besoins de l'Etat, où tout était à faire, dépassaient considérablement ce qu'on pouvait demander à un commerce naissant.

C'est sans doute cette considération qui amena, en 1891, le changement radical du régime économique de l'Etat.

La politique nouvelle était exactement le contrepied de l'autre. Elle est caractérisée :

1° Par la constitution du Domaine Privé;

2° Par une organisation du travail sous forme d'impôts;

3° Par l'exploitation du territoire par l'Etat lui-même ou par des sociétés déléguées.

Les résultats matériels furent pour l'Etat un accroissement considérable des ressources budgétaires, compensé cependant dans une certaine mesure par une augmentation notable des dépenses. Mais qu'il faille l'attribuer au régime nouveau ou à toute autre cause qui nous échappe, on constate en ce moment une chute soudaine dans les exportations, qui sont ramenées de 8 millions qu'elles atteignaient en 1890 à 5 millions de francs en 1891 et 1892. Elles se relevèrent ensuite et recommencèrent à progresser, mais la progression ne fut plus jamais aussi rapide que de 1885 à 1890.

D'autre part, la politique nouvelle de l'État Indépendant, aboutissant forcément au monopole, arrêta brusquement l'essor de l'initiative privée. Force est enfin de constater que si la

tranquillité la plus entière a régné au Congo
pendant la période du commerce libre, il n'en
a plus été ainsi dans la suite.

La politique inaugurée par l'État en 1891-
1892 a ses partisans et ses adversaires, et les uns
et les autres produisent à l'appui de leur thèse
des arguments qui méritent d'être pris en considération. Le sujet est brûlant et tout d'actua-
lité. Je crois cependant qu'il est de mon devoir
de m'y arrêter un instant.

La question a été surtout discutée au point
de vue juridique.

Les uns ont soutenu que la politique de
l'Etat du Congo viole les engagements qu'il a
assumés par son adhésion aux protocoles de
la Conférence de Berlin. La liberté commerciale, affirment-ils, n'est pas compatible avec
les décrets sur le commerce de l'ivoire et du
caoutchouc, qui créent un monopole en faveur
de l'Etat.

Le gouvernement congolais a trouvé de
chauds et habiles défenseurs, qui ont allégué
que la question relève, non du droit international, mais du droit public interne; qu'en vertu
de ses droits souverains il appartenait à l'Etat
de se déclarer maître des terres vacantes et
d'en disposer; que l'exploitation des domaines
de l'Etat soit en régie, soit par les particuliers,
l'organisation de la main-d'œuvre, libre ou
forcée, la perception de l'impôt à charge des

blancs ou à charge des noirs, en argent ou en nature, étaient des questions d'ordre interne qu'il appartenait à l'Etat de solutionner ainsi que la raison, l'expérience et la conscience des dirigeants le décidaient; qu'un Etat a le droit de prendre librement toutes les mesures qui lui paraissent nécessaires pour assurer l'équilibre de ses finances et, par là même, son existence; que l'Etat est souverain et qu'il a le droit de répondre à ceux qui le critiquent : « Cela ne vous regarde pas, charbonnier est maître chez lui. » Qu'il doit même le leur répondre ! « Il serait vraiment insupportable pour notre amour propre, disent les partisans de cette thèse, de voir l'Etat du Congo obéir aux injonctions de commerçants ou d'hommes politiques étrangers ! »

Messieurs, ce n'est pas le lieu de reprendre et de peser les arguments des deux camps adverses. Au surplus, il me paraît que la question est ainsi mal posée. Au risque d'encourir la colère des juristes, comme j'ai couru le risque, aux débuts de cette conférence, de déplaire aux philanthropes, j'ose dire que le problème est, comme toute la question coloniale, essentiellement d'ordre économique.

L'État a adopté sa politique nouvelle uniquement par des considérations budgétaires. On n'a songé à la justifier que quand, les résolutions prises, on a dû se préoccuper de la

défendre contre les critiques qu'on savait iné-
vitables !

La vérité c'est que l'État du Congo devait
vivre. Tout y était à faire : il fallait occuper
progressivement les frontières, établir l'administration, organiser l'armée. Les ressources
étaient presque nulles. Il fallait trouver ces
ressources ou se résoudre à un aveu définitif
et humiliant d'impuissance. A peine né, il eût
fallu que l'Etat avouât son incapacité de vivre.
Ce sont là, à mon avis, les raisons qui ont
amené l'Etat du Congo à la politique économique qu'il a adoptée en 1891. J'ai la
conviction que l'exploitation directe ne sera
au Congo qu'essentiellement transitoire, de
même que l'impôt en nature et le travail forcé.
Il en a été ainsi pour bien des colonies qui
sont fières aujourd'hui de leur politique libérale : les Anglais et les Hollandais en savent
quelque chose. Qu'ils relisent l'histoire de
leurs débuts coloniaux ! Dans vingt ans, dans
trente ans, on sera, j'en suis sûr, très étonné
de relire les polémiques anglo-congolaises
d'aujourd'hui.

Je suis très à mon aise, messieurs, pour
vous parler, comme je le fais, en homme pratique. Personnellement je suis hostile à l'exploitation directe de l'Etat, même dans les
métropoles. Aux colonies, j'en suis l'adversaire
irréductible, et pour bien des raisons qu'il

serait trop long de développer ici. Je suis aussi l'adversaire du travail forcé et je crois avoir suffisamment démontré, par l'organisation du travail du chemin de fer du Congo, où les terrassements des 200 derniers kilomètres ont été faits par des nègres travaillant à prime, que le travail libre, que je n'ai cessé de préconiser dans mes conférences et dans mes écrits, est, en fait, et au bout d'un certain temps, supérieur au travail forcé, même au point de vue spéculatif.

Je suis donc partisan de toutes les idées libérales, en matière économique comme en toute autre matière d'ailleurs.

J'ai été de ceux qui ont critiqué avec une entière franchise la politique économique que l'Etat a inaugurée en 1891-1892. Les événements me paraissent avoir prouvé qu'il a été commis alors une faute grave. Mais il faut tenir compte du passé, des circonstances et éviter tout bouleversement. Corriger aujourd'hui les vices du régime économique de l'Etat, ce n'est pas, comme d'aucuns l'imaginent, l'œuvre d'un jour. Ce doit être l'objet d'une politique de longue haleine, habile et circonspecte.

Je tiens à le répéter avant d'abandonner ce sujet : il ne faut pas attacher trop d'importance aux polémiques de toute espèce qui se produisent aujourd'hui. Au recul de l'histoire, ce seront de très petits épisodes dans une très grande œuvre.

*
* *

Jusqu'au moment de la clôture de la Conférence de Berlin, la Belgique n'eut pas à prendre position officiellement vis-à-vis de l'œuvre africaine du Roi. Le premier acte qu'elle accomplit dans cette voie fut le traité qu'elle passa le 23 février 1885 avec l'Association internationale. Ce traité fut d'ailleurs identique, dans ses termes, à ceux qui avaient été signés avec les autres puissances.

Le nouvel Etat ne pouvait évidemment avoir d'autre souverain que son fondateur. L'article 62 de la Constitution belge exigeait pour cela le concours de la législature. La Chambre des représentants, le 28 avril 1885, et le Sénat, le 30 avril, votèrent une résolution identique conçue en ces termes :

« S. M. Léopold II, Roi des Belges, est autorisé à être le chef de l'Etat fondé en Afrique par l'Association internationale du Congo. L'union entre la Belgique et le nouvel Etat sera exclusivement personnelle. »

La deuxième intervention officielle de la Belgique dans l'œuvre du Congo date du 29 avril 1887. Elle accordait à l'Etat l'autorisation d'émettre en Belgique un emprunt à primes de 150 millions de francs.

Deux ans plus tard, en 1889, le gouvernement belge, sur l'initiative de M. Beernaert, fut autorisé par la législature à souscrire, à concurrence de 10 millions de francs, à la constitution du capital de la Compagnie du Chemin de fer du Congo.

Ces deux interventions, bien qu'elles aient été en leur temps assez vivement discutées, n'ont comporté aucune charge financière pour la Belgique. En ce qui concerne l'emprunt à lots, on sait que le service de l'emprunt est assuré par la création d'un fonds de garantie, dont les revenus ont été jusqu'ici suffisants ; il ne semble pas qu'il y ait à craindre qu'il n'en soit pas toujours ainsi. Quant à la contribution au capital de la Compagnie du Chemin de fer, le succès définitif de cette entreprise a assuré largement la rémunération des capitaux qui y ont été engagés par le gouvernement.

En 1890 une intervention plus directe se produisit. Le gouvernement belge soumit aux Chambres une convention conclue le 3 juillet 1890 et d'après laquelle l'Etat belge s'engageait à avancer, à titre de prêt, à l'Etat Indépendant du Congo, une somme de 25 millions de francs, savoir : cinq millions de francs aussitôt après l'approbation de la Législature et deux millions de francs par an, pendant dix ans, à partir de ce premier versement.

Six mois après l'expiration du prédit terme de dix ans, l'Etat belge pouvait, s'il le jugeait bon, s'annexer l'Etat Indépendant du Congo avec tous les biens, droits et avantages attachés à la souveraineté de l'Etat, mais aussi à charge de reprendre les obligations du dit Etat envers les tiers, le Roi souverain refusant expressément toute indemnité du chef des sacrifices qu'il s'était imposés.

En attendant, l'Etat belge devait recevoir de l'Etat Indépendant tels renseignements qu'il jugerait désirables sur la situation économique, commerciale et financière de celui-ci. Il pourrait notamment recevoir communication des budgets de recettes et de dépenses et des relevés de la douane, quant aux entrées et aux sorties.

Enfin, l'Etat s'engageait à ne contracter désormais aucun emprunt sans l'assentiment du gouvernement belge.

Pour le cas où, au terme prédit, la Belgique déciderait de ne pas accepter l'annexion de l'Etat du Congo, la somme de 25 millions prêtée devenait exigible au bout d'un nouveau terme de dix ans.

En même temps qu'il soumettait cette convention à la Législature, le chef du Cabinet lui communiqua le texte d'un testament signé par le Roi, par lequel le Souverain lègue le Congo à la Belgique et la lettre par laquelle le Roi lui avait adressé cet important document.

La Chambre des représentants vota la convention du 3 juillet 1890 le 25 du même mois et le Sénat le 30.

En vue de préparer le terrain légal pour le jour où le pays aurait à se prononcer sur l'annexion du Congo, les Chambres belges, lorsqu'elles votèrent, en 1893, la révision de l'article 1er de la Constitution, y introduisirent le paragraphe suivant :

« Les colonies, possessions d'outre-mer ou protectorats que la Belgique peut acquérir sont régis par des lois particulières. Les troupes européennes destinées à leur défense ne peuvent être recrutées que par des engagements volontaires. »

Il arriva un moment où l'on put croire que la date fixée pour la reprise par la convention du 3 juillet 1890 serait avancée. Un projet de loi fut, en effet, signé le 9 janvier 1895, proposant la reprise immédiate du Congo ; mais il fut ensuite retiré par le cabinet lui-même, en novembre de la même année.

La Convention du 3 juillet demeurait donc entière : la discussion de la question de la reprise était rejetée à l'époque primitivement fixée.

Les événements qui suivent, messieurs, sont présents à la mémoire de tous. Un projet de loi fut déposé en mars 1901 pour postposer l'échéance et la débition des intérêts des capitaux avancés à l'Etat du Congo sans aucune allusion au droit d'annexion reconnu à la Belgique en 1890 pour un terme de dix ans.

Le projet de loi fut voté par les Chambres, avec un préambule qui y fut introduit au dernier moment : « Voulant conserver la faculté qu'elle tient du Roi-Souverain d'annexer l'Etat Indépendant du Congo... ».

Dans ces conditions, les droits de la Belgique sur le Congo reposent donc uniquement sur le testament du Roi et sur la lettre par laquelle ce testament a été adressée à M. Beernaert.

En raison de leur importance, nous croyons devoir remettre ces documents sous vos yeux.

TESTAMENT DU ROI

Voulant assurer à notre patrie bien-aimée les fruits de l'œuvre que, depuis de longues années, nous poursuivons dans le continent africain, avec le concours généreux et dévoué de beaucoup de Belges ;

Convaincu de contribuer ainsi à assurer à la Belgique, si elle le veut, les débouchés indispensables à son commerce et à son industrie et d'ouvrir à l'activité de ses enfants des voies nouvelles ;

Déclarons par les présentes léguer et transmettre après notre mort, à la Belgique, tous Nos droits souverains de l'État Indépendant du Congo, tels qu'ils ont été reconnus par les déclarations, conventions et traités intervenus depuis 1884 entre les puissances étrangères d'une part, l'Association internationale du Congo et l'État Indépendant du Congo d'autre part, ainsi que tous biens et avantages attachés à cette souveraineté.

En attendant que la législature belge se soit prononcée sur l'acceptation de mes dispositions prédites, la souveraineté sera exercée collectivement par le conseil des trois administrateurs de l'État Indépendant du Congo et par le gouverneur général.

Fait à Bruxelles, le 2 août 1889.

LÉOPOLD

LETTRE DU ROI A M. BEERNAERT

Cher Ministre,

Je n'ai pas cessé d'appeler l'attention de mes compatriotes sur la nécessité de porter leurs vues vers les contrées d'outre-mer.

L'histoire enseigne que les pays à territoire restreint ont un intérêt moral et matériel à rayonner au delà de leurs étroites frontières. La Grèce fonda, sur les rivages de la Méditerranée, d'opulentes cités, foyers des arts et de la civilisation.

Venise, plus tard, établit sa grandeur sur le développement de ses relations maritimes et commerciales, non moins que sur ses succès politiques. Les Pays-Bas possèdent aux Indes trente millions de sujets qui échangent contre les denrées tropicales les produits de la mère patrie.

C'est en servant la cause de l'humanité et du progrès que des peuples de second rang apparaissent comme des membres utiles de la grande famille des nations. Plus que nulle autre, une nation manufacturière et commerçante comme la nôtre doit s'efforcer d'assurer des débouchés à tous ses travailleurs, à ceux de la pensée, du capital et des mains.

Ces préoccupations patriotiques ont dominé ma vie. Ce sont elles qui ont déterminé la création de l'œuvre africaine.

Mes peines n'ont pas été stériles : un jeune et vaste État, dirigé de Bruxelles, a pris pacifiquement place au soleil, grâce à l'appui bienveillant des puissances qui ont applaudi à ses débuts. Des Belges l'administrent, tandis que d'autres compatriotes, chaque jour plus nombreux, y font déjà fructifier leurs capitaux.

L'immense réseau fluvial du Congo supérieur ouvre à nos efforts des voies de communication rapides et économiques qui permettent de pénétrer directement jusqu'au centre du continent africain. La construction du chemin de fer de la région des cataractes, désormais assurée, grâce au vote récent de la Législature, accroîtra notablement ses facilités d'accès. Dans ces conditions, un grand avenir est réservé au Congo, dont l'immense valeur va prochainement éclater à tous les yeux.

Au lendemain de cet acte considérable, j'ai cru de mon devoir de mettre la Belgique à même, lorsque la mort viendra me frapper, de profiter de mon œuvre ainsi que du travail de ceux qui m'ont aidé à la fonder et à la diriger et que je remercie ici une fois de plus. J'ai donc fait, comme Souverain de l'État Indépendant du Congo, le testament que je vous adresse ; je vous demanderai de le communiquer aux Chambres législatives au moment qui vous paraîtra le plus opportun.

Les débuts des entreprises comme celles qui m'ont tant préoccupé sont difficiles et onéreux. Un roi, pour rendre service à son pays, ne doit pas craindre de concevoir et de poursuivre la réalisation d'une œuvre, même téméraire en apparence. La richesse d'un souverain consiste dans la propriété publique : elle seule peut constituer à ses yeux un trésor enviable qu'il doit tendre constamment à accroître.

Jusqu'au jour de ma mort, je continuerai, dans la même pensée d'intérêt national qui m'a guidé jusqu'ici, à diriger et à soutenir notre œuvre africaine, mais si, sans attendre ce terme, il convenait au pays de contracter des liens plus étroits avec mes possessions du Congo, je n'hésiterais pas à les mettre à sa disposition. Je serais heureux, de mon vivant, de l'en voir en pleine jouissance.

Laissez-moi, en attendant, vous dire combien je suis reconnaissant, envers les Chambres comme envers le Gouvernement, pour l'aide qu'ils m'ont prêtée à diverses reprises dans cette création. Je ne crois pas me tromper en affirmant que la Belgique en retirera de sérieux avantages et verra s'ouvrir devant elle, sur un continent nouveau, d'heureuses et larges perspectives.

Croyez-moi, Cher Ministre, votre très dévoué et très affectionné

LÉOPOLD

Je termine ici, messieurs, l'exposé dont le comité exécutif a bien voulu me charger et je m'excuse d'avoir retenu si longtemps votre attention, bien que j'aie forcément dû laisser dans l'ombre bien des côtés de la question.

Permettez-moi d'émettre le vœu, avant de vous quitter, de voir bientôt devenir terre belge ces belles régions d'Afrique conquises par nos compatriotes, sous la conduite énergique de leur Roi.

Vous le savez, je suis un partisan convaincu, ardent et de longue date, de l'annexion du Congo à la Belgique. Je suis arrivé à cette conviction par l'étude passionnée que j'ai faite de l'œuvre et de ses ressources.

J'attends avec confiance l'heure qu'il plaira au Roi de choisir pour nous mettre définitivement en possession des immenses territoires qui ont été conquis et occcupés sous l'impulsion de son indomptable volonté. Tout ce que le Roi a voulu, il l'a réalisé. Il voudra aussi, comme il l'a écrit à son ministre en 1890, que la Belgique soit en pleine jouissance de la colonie de son vivant.

Dans l'intérêt de notre pays il est hautement désirable qu'il en soit ainsi. Les leçons de l'histoire, comme la saine raison, recommandent d'éviter l'époque d'un changement de règne pour réaliser et régler un événement politique aussi important.

Il serait souverainement imprudent de laisser à la date imprévue d'un deuil national le soin de régler l'heure de la transmission par testament d'un Etat à un autre Etat, fait insolite dans l'histoire, sorte de « Pragmatique » dont il est difficile de prévoir l'application internationale.

Il est d'ailleurs hautement désirable que le Roi qui a créé l'œuvre, qui l'a dirigée avec succès pendant un quart de siècle, préside aux débuts de la Belgique dans la voie de la politique coloniale. Nous ne pouvons avoir pilote plus sûr et plus expérimenté. C'est dans ces sentiments, et sous l'impression d'une conviction patriotique profonde, qu'une fois de plus j'émets le vœu de voir les couleurs belges se confondre avec celles du drapeau bleu à étoile d'or !